LOIS

SUR LA POLICE DU ROULAGE

et des Messageries publiques

& SUR LA CIRCULATION DES VÉLOCIPÈDES

et des Automobiles

LOIS

SUR LA

POLICE DU ROULAGE

et des Messageries publiques

ET SUR LA CIRCULATION

DES VÉLOCIPÈDES & DES AUTOMOBILES

ANNOTÉES ET COMMENTÉES
A L'USAGE DE LA GENDARMERIE

9e Édition, mise à jour jusqu'en Janvier 1912

PARIS

HENRI CHARLES-LAVAUZELLE

Éditeur militaire

10, Rue Danton, Boulevard Saint-Germain, 118

(MÊME MAISON A LIMOGES)

LOIS

SUR LA

POLICE DU ROULAGE

et des Messageries publiques

ET SUR LA CIRCULATION

DES VÉLOCIPÈDES & DES AUTOMOBILES

ANNOTÉES ET COMMENTÉES
A L'USAGE DE LA GENDARMERIE

9e Édition, mise à jour jusqu'en Janvier 1912

PARIS
HENRI CHARLES-LAVAUZELLE
Éditeur militaire
10, Rue Danton, Boulevard Saint-Germain, 118

(MÊME MAISON A LIMOGES)

PRÉFACE

Il est peu de lois pénales dont l'étude présente autant de difficultés que les lois sur la Police du Roulage. La multiplicité des contraventions, la triplicité de la juridiction de répression, les obscurités et les lacunes mêmes du texte de la loi en rendent l'étude très ardue et l'application très délicate.

Il est aussi peu de lois que la Gendarmerie ait besoin de mieux connaître; chaque jour, en effet, elle est appelée à constater de nombreuses contraventions à la Police du Roulage.

Cet ouvrage est destiné à lui rendre sa tâche plus facile et à l'aider dans la rédaction de ses procès-verbaux.

LOI

SUR LA POLICE DU ROULAGE

ET DES MESSAGERIES PUBLIQUES

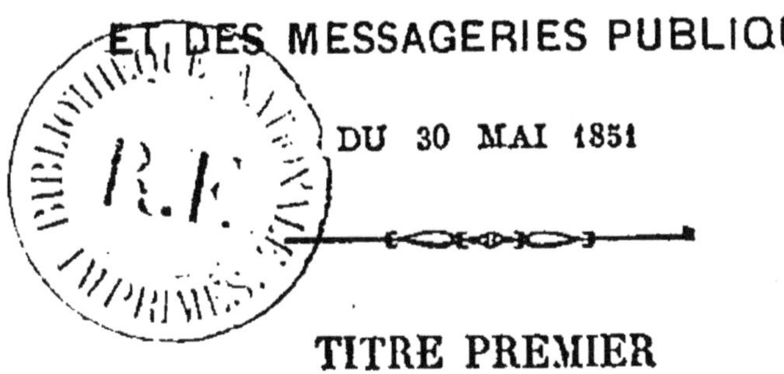

DU 30 MAI 1851

TITRE PREMIER

DES CONDITIONS DE LA CIRCULATION DES VOITURES

Article premier. — Les voitures, suspendues ou non suspendues, servant au transport des personnes ou des marchandises, peuvent circuler sur les routes nationales, départementales et chemins vicinaux de grande communication, sans aucune condition de réglementation de poids ou de largeur de jantes.

La présente loi et le décret du 10 août 1852 ne sont applicables qu'aux voitures de *roulage* et de *messageries*, circulant sur les routes *nationales*, *départementales* et les chemins vicinaux de *grande communication*.

La circulation des voitures *particulières* sur toutes routes et tous chemins et celle des voitures de roulage et messageries sur les chemins vicinaux *ordinaires*, chemins *ruraux*, *rues* et *places* qui ne sont pas la continuation des grandes routes ou des chemins vicinaux de grande communication, sont régies par les règlements préfectoraux et municipaux, par les lois antérioures non abrogées et surtout par les articles 471, n° 15, 475, n°s 3 et 4, et 479, n° 2, du Code pénal, ainsi conçus :

« Art. 471. — Seront punis depuis un franc jusqu'à cinq francs inclusivement :

....

» N° 15. — Ceux qui auront contrevenu aux règlements légalement faits par l'autorité administrative, et ceux qui ne se seront pas conformés aux règlements ou arrêtés publiés par l'autorité municipale.

» Art. 475. — Seront punis d'amende, depuis six francs jusqu'à dix francs inclusivement :

....

» N° 3. — Les rouliers, charretiers, conducteurs de voitures quelconques ou de bêtes de charge, qui auraient contrevenu aux règlements par lesquels ils sont obligés de se tenir constamment à portée de leurs chevaux, bêtes de trait ou de charge et de leurs voitures, et en état de les guider et conduire ; d'occuper un seul côté des rues, chemins ou voies publiques ; de se détourner ou ranger devant toutes autres voitures, et, à leur approche, de leur laisser au moins la moitié des rues, chaussées, routes et chemins.

» N° 4. — Ceux qui auront fait ou laissé courir les chevaux, bêtes de trait ou de charge ou de monture, dans l'intérieur d'un lieu habité, ou violé les règlements contre le chargement, la rapidité ou la mauvaise direction des voitures ;

» Ceux qui contreviendront aux dispositions des ordonnances et règlements ayant pour objet :

» La solidité des voitures publiques ;

» Leur poids ;

» Le mode de leur chargement ;

» Le nombre et la sûreté des voyageurs ;

» L'indication, dans l'intérieur des voitures, des places qu'elles contiennent et du prix des places ;

» L'indication, à l'extérieur, du nom du propriétaire.

» Art. 479. — Seront punis d'une amende de onze à quinze francs inclusivement :

....

» N° 2. Ceux qui auront occasionné la mort ou la blessure des animaux ou des bestiaux appartenant à autrui, par l'effet de la divagation des fous ou furieux, ou d'animaux malfaisants ou féroces, ou par la rapidité ou la mauvaise direction ou le chargement excessif des voitures, chevaux, bêtes de trait, de charge ou de monture. »

Ces trois articles peuvent aussi s'appliquer à des contraventions, commises sur les grandes routes et les chemins vicinaux de grande communication, non prévues par la loi du 30 mai 1851 et le décret du 10 août 1852.

Toutes les contraventions punies par ces trois mêmes articles sont de la compétence du tribunal de simple police.

Art. 2. — Des règlements d'administration publique déterminent :

§ 1er. — Pour toutes les voitures :

1° La forme des moyeux, le maximum de la longueur des essieux et le maximum de leur saillie au-delà des moyeux ;

2° La forme des bandes des roues ;

3° La forme des clous des bandes ;

4° Les conditions à observer pour l'emplacement et la dimension de la plaque prescrite par l'article 3 ;

5° Le maximum du nombre des chevaux de l'attelage que peut comporter la police ou la libre circulation des routes ;

7° Les mesures à prendre pour régler momentanément la circulation pendant les jours de dégel, et les précautions à prendre pour la protection des ponts suspendus.

§ 2. — Pour les voitures ne servant pas au transport des personnes :

1° La largeur du chargement ;

2° La saillie des colliers des chevaux ;

3° Les modes d'enrayage ;

4° Le nombre des voitures qui peuvent être réunies en un même convoi, l'intervalle qui doit rester libre d'un convoi à un autre, et le nombre de conducteurs exigé pour la conduite de chaque convoi ;

5° Les autres mesures de police à observer par les conducteurs, notamment en ce qui concerne le stationnement sur les routes, et les règles à suivre pour éviter ou dépasser d'autres voitures.

Sont affranchies de toute réglementation de largeur de chargement les voitures de l'agriculture servant au transport des récoltes de la ferme aux champs et des champs à la ferme ou au marché.

§ 3. — Pour les voitures de messageries :

1° Les conditions relatives à la solidité et à la stabilité des voitures ;

2° Le mode de chargement, de conduite et d'enrayage des voitures ;

3° Le nombre de personnes qu'elles peuvent porter ;

4° La police des relais ;

5° Les autres mesures de police à observer par les conducteurs, cochers ou postillons, notamment pour éviter ou dépasser d'autres voitures.

C'est le décret du 10 août 1852 qui tient lieu de règlement général en matière de police du roulage sur les grandes routes et les chemins de grande communication, et c'est à lui qu'il faut se reporter pour déterminer chacun des points signalés dans l'article 2 de la loi du 30 mai 1851.

I. — *Dispositions communes à toutes les voitures*

1° *Essieux et moyeux.* — (Voir art. 1er du décret du 10 août 1852.) — Contravention punie par l'article 4 de la présente loi.

2° *Bandes des roues.* — Le décret de 1852 ne contient aucune disposition sur la forme des bandes; mais, si l'on se reporte aux travaux préparatoires de la loi de 1851, on voit que les bandes ne doivent être ni coniques, ni angulaires. — Contravention punie par l'article 4.

3° *Clous des bandes.* — (V. art. 2 du décret du 10 août 1852.) — Contravention punie par l'article 4.

4° *Emplacement et dimensions de la plaque.* — Cette disposition de la loi est rangée parmi celles qui concernent toutes les voitures; c'est une erreur et une inconséquence. A l'article suivant, la même loi portera, en effet, que les voitures particulières servant au transport des personnes, malles-postes, voitures d'artillerie et d'agriculture sont dispensées de la plaque. Les articles 16 et 29 du décret du 10 août 1852 n'imposent eux aussi l'obligation de la plaque qu'aux voitures ne servant pas au transport des personnes et aux voitures de messageries. — Contravention punie par l'article 7.

5° *Nombre de chevaux.* — (V. art. 3, 4, 5 et 6 du décret du 10 août 1852.) — Contravention punie par l'article 4.

6° *Dégel.* — *Ponts suspendus.* — Les mesures à prendre pour la circulation des voitures pendant le dégel sont établies par l'article 7 du décret du 10 août 1852, aujourd'hui abrogé et remplacé par le décret du 29 août 1863 (V. la teneur de ce décret à l'art. 7 du décret du 10 août 1852.) En ce qui concerne la traversée des ponts suspendus, voir l'article 8 du décret du 10 août 1852. — Contraventions punies par l'article 4.

Le décret du 10 août 1852 a ajouté deux autres dispositions communes à toutes les voitures, concernant la *conduite des voitures* (art. 9 et 35) et le *stationnement* (art. 10) que nous étudierons en leur lieu.

L'article 9 de la présente loi, que nous trouverons plus loin, est aussi applicable à toutes les voitures.

II. — *Dispositions concernant les voitures ne servant pas au transport des personnes.*

1° *Chargement.* — (V. art 11 du décret du 10 août 1852.) — Contravention punie par l'article 4 de la présente loi.

2° *Colliers des chevaux.* — (V. art. 12 du décret précité.) — Contravention punie par l'article 4 de notre loi.

3° *Enrayage.* — Le décret de 1852 est muet à cet égard: aucun genre particulier d'enrayage n'est prescrit. — Contravention punie par l'article 4.

4° *Convois.* — (V. art. 13 et 14 du décret du 10 août 1852 et art. 3 du décret du 24 février 1858.) — Contraventions punies par l'article 5.

5° *Stationnement, conduite des voitures et autres mesures de police.* — Les dispositions de la loi de 1851 à cet égard ont été étendues, par les articles 9 et 10 du décret de 1852, à toutes les voitures. — Contraventions punies par l'article 5. — Dans les autres mesures de police dont parle ici la loi est compris l'éclairage des voitures. (V. art. 15 du décret du 10 août 1852.)

III. — *Dispositions concernant les messageries.*

On entend par voitures de messageries les voitures servant au transport des personnes d'une ville à une autre, qui ont une destination fixe et des heures de départ déterminées d'avance.

Toutes les mesures de police qui concernent les messageries, soit au point de vue de la *solidité* et de la *stabilité* des voitures, de leur mode de *chargement* de *conduite* et *d'enrayage*, du *nombre de personnes* qu'elles peuvent contenir, de la *police des relais*, soit à tout autre point de vue, ont été réglementées par le titre III du décret du 10 août 1852. (art. 17 à 42.)

Les contraventions à l'article 5 de la présente loi et aux articles 17 à 42 du décret précité sont punies par l'article 5 ci-dessous.

Art. 3. — Toute voiture circulant sur les routes nationales, départementales et chemins vicinaux de grande communication, doit être munie d'une plaque conforme au modèle prescrit par le règlement d'administration publique rendu en vertu du n° 4 du premier paragraphe de l'article 2.

Sont exceptées de cette disposition :

1° Les voitures particulières destinées au transport des personnes, mais étrangères à un service public de messageries ;

2° Les malles-postes et autres voitures appartenant à l'administration des postes ;

3° Les voitures d'artillerie, chariots et fourgons appartenant au département de la Guerre et de la Marine.

(Des décrets du président de la République déterminent les marques distinctives que doivent porter les voitures désignées aux paragraphes 2 et 3, et les titres dont leurs conducteurs doivent être munis.)

4° Les voitures employées à la culture des terres, au transport des récoltes, à l'exploitation des fermes, qui se rendent de la ferme aux champs ou des champs à la ferme, ou qui servent au transport des objets récoltés, du lieu où ils ont été recueillis jusqu'à celui où, pour les conserver ou les manipuler, le cultivateur les dépose ou les rassemble.

Cet article semble poser une règle générale et applicable à toutes les voitures; mais, en tenant compte des exceptions qu'il indique, on s'aperçoit que la règle posée ne concerne que les voitures ne servant pas au transport des personnes, et, dans une certaine mesure, les voitures de messageries.

Toutes les règles, en ce qui touche la forme, l'emplacement de la plaque, les indications qu'elle doit contenir, sont établies par les articles 16 et 19 du décret du 20 août 1852.

La violation de ces articles et, par suite, de notre article 3, est punie par les articles 7 et 8 de la présente loi.

Les mots « toute voiture circulant » n'empêchent pas que l'article 3 soit applicable à une voiture arrêtée momentanément et qui vient de circuler.

TITRE II

DE LA PÉNALITÉ

Art. 4. — Toute contravention aux règlements rendus en exécution des dispositions des numéros 1, 2, 3, 5 et 6 du premier paragraphe de l'article 2, et des numéros 1, 2 et 3 du deuxième paragraphe du même article, est punie d'une amende de cinq francs à trente francs.

Compétence du conseil de préfecture.

Art. 5. — Toute contravention aux règlements rendus en exécution des dispositions des numéros 4 et 5 du deuxième paragraphe de l'article 2 est punie d'une amende de six francs à dix francs et d'un emprisonnement d'un à trois jours. En cas de récidive, l'amende pourra être portée à quinze francs et l'emprisonnement à cinq jours.

Compétence du tribunal de simple police.

Art. 6. — Toute contravention aux règlements rendus en vertu du troisième paragraphe de l'article 2 est punie d'une amende de seize francs à deux cents francs et d'un emprisonnement de six à dix jours.

Compétence du tribunal correctionnel.

Art. 7. — Tout propriétaire d'une voiture circulant sur des voies publiques sans qu'elle soit munie de la plaque prescrite par l'article 3 et par les règlements rendus en exécution du n° 4 du premier paragraphe de l'article 2, sera puni d'une amende de six à quinze francs, et le conducteur d'une amende d'un franc à cinq francs.

Compétence du tribunal de simple police.

La loi de 1851 et le décret de 1852 ne s'appliquent qu'aux grandes routes et chemins de grande communication; on pourrait croire au premier abord que la circulation sur un chemin vicinal simple ou rural, dans une rue ou sur une place, d'une voiture sans plaque ne constitue pas de contravention. Il n'en est rien cependant; le procès-verbal peut être valablement dressé contre le propriétaire et le conducteur, non plus en vertu de notre article, mais en vertu du décret du 23 juin 1806, qui n'est pas abrogé, et par application de l'article 475, paragraphe 4, du Code pénal.

Dans tous les cas, le conducteur et le propriétaire doivent être poursuivis et condamnés tous les deux à l'amende, à moins que le propriétaire n'ait été surpris conduisant lui-même sa voiture, auquel cas il n'y a lieu d'appliquer qu'une seule amende.

Art. 8. — Tout propriétaire ou conducteur de voiture qui aura fait usage d'une plaque portant un nom ou un domicile faux ou supposé, sera puni d'une amende de cinquante francs à deux cents francs et d'un emprisonnement de six jours au moins et de six mois au plus.

La même peine sera applicable à celui qui, conduisant une voiture dépourvue de plaque, aura déclaré un nom ou domicile autre que le sien ou que celui du propriétaire pour le compte duquel la voiture est conduite.

Compétence du tribunal correctionnel.

La personne qui a emprunté une voiture est-elle tenue d'y apposer une plaque portant son nom; et si la voiture circule avec une plaque portant le nom du propriétaire et non celui de l'emprunteur, ce fait tombe-t-il sous l'application de l'article 8? La négative est hors de doute: il n'y a là ni délit, ni contravention.

Art. 9. — Lorsque, par la faute, la négligence ou l'imprudence du conducteur, une voiture aura causé un dommage quelconque à une route ou à ses dépendances, le conducteur sera condamné à une amende de trois francs à cinquante francs.

Il sera de plus condamné aux frais de la réparation.

Compétence du conseil de préfecture.

Art. 10. — Sera puni d'une amende de seize francs à cent francs, indépendamment de celle qu'il pourrait avoir encourue pour toute autre cause, tout voiturier ou conducteur qui, sommé de s'arrêter par l'un des fonctionnaires ou agents chargés de constater les contraventions, refuserait d'obtempérer à cette sommation et de se soumettre aux vérifications prescrites.

Compétence du tribunal correctionnel.

Art. 11. — Les dispositions du livre III, titre 1er, chapitre III, section 4, paragraphe 2 du Code pénal, sont applicables en cas d'outrages ou de violences envers les fonctionnaires ou agents chargés de constater les délits et contraventions prévus par la présente loi.

Art. 12.— Lorsqu'une même contravention ou un même délit prévu aux articles 4, 7 et 8, a été constaté à plusieurs reprises, il n'est prononcé qu'une seule condamnation, pourvu qu'il ne se soit pas écoulé plus de vingt-quatre heures entre la première et la dernière constatation.

Lorsqu'une même contravention ou un même délit prévu à l'article 6 a été constaté à plusieurs reprises pendant le parcours d'un même relais, il n'est prononcé qu'une seule condamnation.

Sauf les exceptions mentionnées au présent article, lorsqu'il aura été dressé plusieurs procès-verbaux de contravention, il sera prononcé autant de condamnations qu'il y aura eu de contraventions constatées.

Art. 13. — Tout propriétaire de voiture est responsable des amendes, des dommages-intérêts et des frais de réparation prononcés en vertu des articles du présent titre, contre toute personne préposée par lui à la conduite de la voiture.

Si la voiture n'a pas été conduite par ordre et pour le compte du propriétaire, la responsabilité est encourue par celui qui a proposé le conducteur.

Art. 14. — Les dispositions de l'article 483 du Code pénal sont applicables dans tous les cas où les tribunaux correctionnels ou de simple police prononcent en vertu de la présente loi.

TITRE III

DE LA PROCÉDURE

Art. 15. — Sont spécialement chargés de constater les contraventions et délits prévus par la présente loi les conducteurs, agents-voyers, cantonniers chefs et autres employés des ponts et chaussées ou des chemins vicinaux de grande communication commissionnés à cet effet, les gendarmes, les gardes champêtres, les employés des contributions indirectes, agents forestiers ou des douanes et employés des poids et mesures ayant droit de verbaliser, et les employés des octrois ayant le même droit.

Peuvent également constater les contraventions et les délits prévus par la présente loi les maires et les adjoints, les commissaires et les agents assermentés de police, les ingénieurs des ponts et chaussées, les officiers et sous-officiers de gendarmerie, et toute personne commissionnée par l'autorité départementale pour la surveillance de l'entretien des voies de communication.

Les dommages prévus à l'article 9 sont constatés, pour les routes nationales et départementales, par les ingénieurs, conducteurs et autres employés des ponts et chaussées commissionnés à cet effet, et, pour les chemins vicinaux de grande communication, par les agents-voyers, sans préjudice du droit réservé à tous les fontionnaires et agents mentionnés au présent article de dresser procès-verbal du fait de dégradation qui aurait lieu en leur présence.

Les procès-verbaux dressés en vertu du présent article font foi jusqu'à preuve contraire.

Il n'est pas nécessaire que les procès-verbaux soient signés de deux gendarmes : la signature d'un seul sufit.

Art. 16. — Les contraventions prévues par les articles 4 et 6 ne peuvent, en ce qui concerne les voitures publiques allant au trot, être constatées qu'aux lieux de départ, d'arrivée, de relais et de stations desdites voitures, ou aux barrières d'octroi, sauf toutefois celles qui concernent le nombre des voyageurs, le mode de conduite des voitures, la police des conducteurs, cochers ou postillons, et les modes d'enrayage.

Il faut entendre les mots « allant au trot » en ce sens qu'ils s'appliquent à toute voiture en marche, soit au trot, soit au galop, soit même au pas. Peu importe l'allure ; ce que le législateur a voulu, c'est qu'il ne soit apporté ni entrave ni retard à la marche de la voiture publique : la contravention ne pourra être constatée qu'autant que la voiture sera arrêtée.

Art. 17. — Les contraventions prévues par les articles 4 et 9 sont jugées par le conseil de préfecture du département où le procès-verbal a été dressé.

Tous les autres délits ou contraventions prévues par la présente loi sont de la compétence des tribunaux.

Art. 18. — Les procès-verbaux rédigés par les agents mentionnés au paragraphe 1er de l'article 15 ci-dessus doivent être affirmés dans les trois jours, à peine de nullité, devant le juge de paix du canton ou devant le maire de la commune, soit du domicile de l'agent qui a verbalisé, soit du lieu où la contravention a été constatée.

Les procès-verbaux de la gendarmerie sont dispensés de l'affirmation.

Art. 19. — Les procès-verbaux doivent être enregistrés en débet dans les trois jours de leur date ou de leur affirmation, à peine de nullité.

L'enregistrement des procès-verbaux dans les trois jours est ici prescrit à peine de nullité.

En Corse, les procès-verbaux produits en simple police sont dispensés de l'enregistrement.

Art. 20. — Toutes les fois que le contrevenant n'est pas domicilié en France, la voiture est provisoirement retenue, et le procès-verbal est immédiatement porté à la connaissance du maire de la commune où il a été dressé, ou de la commune la plus proche sur la route que suit le prévenu.

Le maire arbitre provisoirement le montant de l'amende, et, s'il y a lieu, les frais de réparation, et il en ordonne la consignation immédiate, à moins qu'il ne lui soit présenté une caution solvable.

A défaut de consignation ou de caution, la voiture est retenue jusqu'à ce qu'il ait été statué sur le procès-verbal. Les frais qui en résultent sont à la charge du propriétaire.

Le contrevenant est tenu d'élire domicile dans le département du lieu où la contravention a été constatée. A défaut d'élection de domicile, toute notification lui sera valablement faite au secrétariat de la commune dont le maire aura arbitré l'amende ou les frais de réparation.

Art. 21. — Lorsqu'une voiture est dépourvue de plaque, et que le propriétaire n'est pas connu, il est procédé conformément aux trois premiers paragraphes de l'article précédent.

Il en est de même dans le cas de procès-verbal dressé à raison de l'un des délits prévus à l'article 8.

Il sera procédé de la même manière à l'égard de tout conducteur de voiture de roulage ou de messageries inconnu dans le lieu où il serait pris en contravention, et qui ne serait point régulièrement muni d'un passe-port, d'un livret ou d'une feuille de route, à moins qu'il ne justifie que la voiture appartient à une entreprise de roulage ou de messageries, ou qu'il ne résulte des lettres de voiture ou des autres papiers qu'il aurait en sa possession que la voiture appartient à celui dont le domicile serait indiqué sur la plaque.

Art. 22. — Le procès-verbal est adressé, dans les deux jours de l'enregistrement, au sous-préfet de l'arrondissement.

Le sous-préfet le transmet, dans les deux jours de sa réception, au préfet, s'il s'agit d'une contravention de la compétence des conseils de préfecture, ou au procureur de la République, s'il s'agit d'une contravention de la compétence des tribunaux.

Art. 23. — S'il s'agit d'une contravention de la compétence du conseil de préfecture, copie du procès-verbal, ainsi que de l'affirmation, quand elle est prescrite, est notifiée avec citation, par la voie administrative, au domicile du propriétaire, tel qu'il est indiqué sur la plaque, ou tel qu'il a été indiqué par le contrevenant, et, quand il y a lieu, à celui du conducteur.

Cette notification a lieu dans le mois de l'enregistrement, à peine de déchéance.

Le délai est étendu à deux mois, lorsque le contrevenant n'est pas domicilié dans le département où la contravention a été constatée ; il est étendu à un an, lorsque le domicile du contrevenant n'a pas pu être constaté au moment du procès-verbal.

Si le domicile du conducteur est resté inconnu, toute notification qui lui est faite au domicile du propriétaire est valable.

Art. 24. — Le prévenu est tenu de produire, dans le délai de trente jours, ses moyens de défense devant le conseil de préfecture.

Ce délai court à compter de la date de la notification du procès-verbal. Mention en est faite dans ladite notification.

A l'expiration du délai fixé, le conseil de préfecture prononce, lors même que les moyens de défense n'auraient pas été produits.

Son arrêté est notifié au contrevenant, dans la forme administrative, dix jours au moins avant toute exécution. Si la condamnation a été prononcée par défaut, la notification faite au domicile énoncé sur la plaque est valable.

L'opposition à l'arrêté rendu par défaut devra être formée dans le délai de quarante jours, à compter de la date de la notification.

Art. 25. — Le recours au conseil d'Etat contre l'arrêté du conseil de préfecture peut avoir lieu par simple mémoire déposé au secrétariat général de la préfecture ou de la sous-préfecture, et sans l'intervention d'un avocat au conseil d'Etat.

Il sera délivré au déposant récépissé du mémoire, qui devra être immédiatement transmis par le préfet.

Si le recours est formé au nom de l'administration, il devra l'être dans les trois mois de la date de l'arrêté.

Art. 26. — L'instance à raison des contraventions de la compétence des conseils de préfecture est périmée par six mois, à compter de la date du dernier acte de poursuites, et l'action publique est éteinte, à moins de fausses indications sur la plaque, ou de fausses déclarations en cas d'absence de plaque.

Art. 27. — Les amendes se prescrivent par une année, à compter de la date de l'arrêté du conseil de préfecture, ou à compter de la décision du conseil d'Etat, si le pourvoi a eu lieu.

En cas de fausses indications sur la plaque ou de fausses déclarations de nom ou de domicile, la prescription n'est acquise qu'après cinq années

Art. 28. — Lorsque le procès-verbal constatant

le délit ou la contravention a été dressé par l'un des agents désignés au paragraphe 1er de l'article 15, le tiers de l'amende prononcée appartient audit agent, à moins qu'il ne s'agisse d'une contravention ou d'un délit prévu aux articles 10 et 11.

Les deux autres tiers sont attribués, soit au Trésor public, soit au département, soit aux communes intéressées, selon que la contravention ou le dommage concerne une route nationale, une route départementale ou un chemin vicinal de grande communication. Il en est de même du total des frais de réparation réglés en vertu de l'article 9, ainsi que du total de l'amende, lorsqu'il n'y a pas lieu d'appliquer les dispositions du paragraphe 1er du présent article.

TITRE IV

Art. 29. — Sont et demeurent abrogés, à dater de la promulgation de la présente loi :

La loi du 29 floréal an x (19 mai 1802) relative à la police du roulage ;

La loi du 7 ventôse an XII (27 février 1804) ;

Le décret du 23 juin 1806 ;

Ainsi que toutes les autres dispositions contraires à celles de la présente loi.

DÉCRET

DU 10 AOUT 1852

PORTANT RÈGLEMENT

SUR LA POLICE DU ROULAGE

ET DES MESSAGERIES PUBLIQUES

TITRE PREMIER. — *Dispositions applicables à toutes les voitures.*

Article premier. — Les essieux des voitures ne pourront avoir plus de 2m,50 (deux mètres cinquante centimètres) de longueur, ni dépasser à leurs extrémités le moyeu de plus de 0m,06 (six centimètres. La saillie des moyeux, y compris celle de l'essieu, n'excédera pas de plus de 0m,12 (douze centimètres) le plan passant par le bord extérieur des bandes. Il est accordé une tolérance de 0m,02 (deux centimètres) sur cette saillie, pour les roues qui ont déjà fait un certain service.

(V. art. 2, § 1er, n° 1, et art. 4 de la loi du 30 mai 1851.)

Art. 2. — Il est expréssement défendu d'employer des clous à tête de diamant. Tout clou de bande sera rivé à plat, et ne pourra, lorsqu'il sera posé à neuf, former une saillie de plus de 0m,005 (cinq millimètres.)

(V. art. 2, § 1er, n° 1, et art. 4 de la loi du 30 mai 1851.)

Art. 3. — Il ne peut être attelé : 1° aux voitures servant au transport des marchandises, plus de cinq chevaux si elles sont à deux roues ; plus de huit si elles sont à quatres roues, sans qu'il puisse y avoir plus de cinq chevaux de file ; 2° aux voitures servant au transport des personnes, plus de trois chevaux si elles sont à deux roues ; plus de six si elles sont à quatre roues.

(V. art. 2, § 1er, n° 5, et art. 4 de la loi du 30 mai 1851.)

Cet article ne s'applique pas seulement aux chevaux, mais à toutes les bêtes de trait en général, bœufs, vaches, mulets, etc.

Art. 4. — Lorsqu'il y aura lieu de transporter des blocs de pierre, des locomotives ou autres objets d'un poids considérable, l'emploi d'un attelage exceptionnel pourra être autorisé sur l'avis des ingénieurs ou des agents-voyers, par les préfets des départements traversés.

Art. 5. — Les prescriptions de l'article 3 ne sont pas applicables sur les parties de routes ou de chemins vicinaux de grande communication affectés de rampes d'une déclivité ou d'une longueur exceptionnelle. Les limites de ces parties de route ou de chemins sur lesquels l'emploi de chevaux de renfort est autorisé sont déterminées par un arrêté du préfet, sur la proposition de l'ingénieur en chef ou de l'agent-voyer en chef du département, et indiquées sur la place par des poteaux portant cette inscription : *chevaux de renfort*. Pour les voitures marchant avec relais réguliers et servant au transport des personnes ou des marchandises, la faculté d'atteler des chevaux de renfort s'étend à toute la longueur des relais dans lesquels sont placés les poteaux. L'emploi de chevaux de renfort peut être autorisé temporairement sur les parties de routes ou de chemins de grande communication, lorsque, par suite de travaux de réparation ou d'autres circonstances accidentelles, cette mesure sera nécessaire. Dans ce cas, le préfet fera placer des poteaux provisoires.

Art. 6. — En temps de neige et de verglas, les prescriptions relatives à la limitation du nombre des chevaux demeurent suspendues.

Art. 7. — (Abrogé et remplacé par le décret du 29 août 1863 ainsi conçu) :

« Article premier. — Le ministre des Travaux publics détermine les départements dans lesquels il pourra être établi, sur les routes *impériales* et départementales, des barrières pour restreindre la circulation pendant le dégel.

» Les préfets, dans chaque département, déterminent les routes *impériales* et départementales, ainsi que les chemins vicinaux de grande communication sur lesquels ces barrières pourront être établies.

» Ils prennent, sur l'avis des ingénieurs des ponts et chaussées ou des agents-voyers, les mesures que la fermeture ou l'ouverture des barrières rendent nécessaires.

» Peuvent seuls circuler pendant la fermeture des barrières de dégel :

» 1° Les courriers de la malle :

» 2° Les voitures de voyage suspendues étrangères à toute entreprise de messageries ;

» 3° Les voitures non chargées ;

» 4° Les voitures chargées, montées sur roues à jantes d'au moins 11 centimètres de largeur et dont l'attelage n'excèdera pas le nombre de chevaux qui sera fixé par le préfet, à raison du climat, du mode de construction et de l'état des chaussées, de la nature du sol, du nombre des roues de la voiture et des autres circonstances locales.

» Toute voiture prise en contravention aux dispositions du présent article sera arrêtée et les chevaux seront mis en fourrière dans l'auberge la plus rapprochée, le tout sans préjudice de l'amende stipulée à l'art. 4, titre II, de la loi du 30 mai 1851, et des frais de réparation mentionnés dans l'article 9 de ladite loi.

» Les préfets rendront compte immédiatement à notre ministre de l'Agriculture, du Commerce et des Travaux publics des mesures qu'ils auront arrêtées en vertu du présent décret.

» Sont et demeurent rapportés l'article 7 de notre décret du 20 août 1852 et l'article 1er de notre décret du 24 février 1858.

(V. art. 2, § 1er, n° 6, et art. 4 de la loi du 30 mai 1851.)

Art. 8. — Pendant la traversée des ponts suspendus, les chevaux sont mis au pas ; les voituriers ou rouliers tiendront les guides ou le cordeau ; les conducteurs et postillons resteront sur leurs sièges.

Défense est faite aux rouliers et autres voituriers de dételer aucun de leurs chevaux pour le passage du pont.

Toute voiture attelée de plus de cinq chevaux ne doit pas s'engager sur le tablier d'une travée, quand il y a déjà sur cette travée une autre voiture d'un attelage supérieur à ce nombre de chevaux.

Pour les ponts suspendus qui n'offriraient pas toutes les garanties nécessaires pour le passage des voitures lourdement chargées, il pourra être adopté par le ministre des Travaux publics ou par le ministre de l'Intérieur, chacun en ce qui le concerne, telles autres dispositions qui seront jugées nécessaires.

Dans les circonstances urgentes, les préfets et les maires pourront prendre telles mesures que leur paraîtra commander la sûreté publique, sauf à rendre compte à l'autorité supérieure.

Les mesures prescrites pour la protection des ponts suspendus seront, dans tous les cas, placardées à l'entrée et à la sortie de ces ponts.

(V. art. 2, § 1er, n° 6, et art. 4 de la loi du 30 mai 185'.)

Art. 9. — Tout roulier ou conducteur de voiture doit se ranger à sa droite à l'approche de toute autre voiture, de manière à lui laisser libre la moitié de la chaussée.

Cet article est complété par l'article 35 du présent décret.

Si la contravention a été commise par un roulier, ce sont les articles 2, paragraphes 2, n° 5 et 6, de la loi du 30 mai 1851 qui doivent être visés dans le procès-verbal et appliqués par le juge; la peine est, dans ce cas, de 6 à 10 fr. d'amende, et le tribunal de simple police est compétent.

Si la contravention a été commise par un conducteur de messageries, ce sont les articles 2, paragraphes 3, n° 5, et 6 de la loi du 30 mai 1851 qui sont applicables; la peine est alors de 6 à 10 jours de prison et de 16 à 200 fr. d'amende, et le tribunal correctionnel est compétent.

Si la contravention a été commise sur un chemin vicinal ordinaire, dans une rue, sur une place ou par un conducteur de voiture particulière sur toute route, c'est l'article 475, n° 3 du Code pénal qu'il faut appliquer; le tribunal de simple police est compétent.

Les voitures ne sont, dans tous les cas, tenues de se ranger que lorsqu'elles se croisent avec d'autres voitures, mais non avec des piétons ou des cavaliers.

Art. 10. — Il est interdit de laisser stationner sans nécessité sur la voie publique aucune voiture attelée ou non attelée.

Même observation que pour l'article précédent. Cette contravention est punie par l'article 5 de la loi du 30 mai 1851, s'il s'agit d'une voiture de roulage, et par l'article 6 s'il s'agit d'une voiture de messagerie.

Quant au stationnement sur un chemin vicinal simple ou rural, dans une rue, sur une place, ou d'une voiture particulière sur quelque route que ce soit, il doit être considéré comme encombrement de la voie publique, et tombe sous l'application de l'article 471, n° 4 du Code pénal, ainsi conçu :

« Art. 471. — Seront punis d'amende depuis un franc jusqu'à 5 francs inclusivement :

. . . .

» N° 4. — Ceux qui auront embarrassé la voie publique, en y déposant ou en y laissant sans nécessité des matériaux ou des choses quelconques, qui empêchent ou diminuent la liberté ou la sûreté du passage..... »

TITRE II. — *Dispositions applicables aux voitures ne servant pas au transport des personnes.*

Art. 11. — La largeur du chargement des voitures qui ne servent pas au transport des personnes ne peut excéder 2m,50 (deux mètres cinquante centimètres). Toutefois, les préfets des départements traversés peuvent délivrer des permis de circulation pour les objets d'un grand volume qui ne seraient pas susceptibles d'être chargés dans ces conditions. Sont affranchies, conformément à la loi du 30 mai 1851, de toute réglementation de largeur de chargement, les voitures d'agriculture, lorsqu'elles sont employées au transport des récoltes de la ferme aux champs et des champs à la ferme ou au marché.

(V. art. 2, § 2, n° 1, et art. 4 de la loi du 30 mai 1851.)

Art. 12. — La largeur des colliers de chevaux ou autres bêtes de trait ne peut dépasser 0m,90 (quatre-vingt-dix centimètres), mesurés entre les points les plus saillants des pattes des attelles.

(V. art. 2, § 2, n° 2, et art. 4 de la loi du 30 mai 1851.)

Art. 13. — Lorsque plusieurs voitures marchent à la suite les unes des autres, elles doivent être distribuées en convois de quatre voitures au plus, si elles sont à quatre roues et attelées d'un seul cheval; de trois voitures au plus si elles sont à deux roues et attelées d'un seul cheval et de deux voitures au plus, si l'une d'elles est attelée de plus d'un cheval. L'intervalle d'un convoi à l'autre ne peut être moindre de cinquante mètres.

(V. art. 2, § 2, n° 4, et art. 5 de la loi du 30 mai 1851.)

Deux voitures attelées chacune de plus d'un cheval forment un convoi.

L'article 13 s'applique aussi bien aux voitures voyageant isolément qu'aux voitures voyageant en convoi, si elles sont à la suite les unes des autres. Peu importe qu'elles appartiennent à des propriétaires différents : dès qu'elles se suivent dans le nombre réglementaire, il y a convoi.

Les préfets peuvent, dans certains cas, restreindre la longueur des convois.

Art. 14. — Tout voiturier ou conducteur doit se tenir constamment à portée de ses chevaux ou bêtes de trait et en position de les guider. Il est interdit de faire conduire par un seul conducteur plus de quatre voitures à un cheval si elles sont à quatres roues, et plus de trois voitures à un cheval si elles sont à deux roues. Chaque voiture attelée de plus d'un cheval doit avoir un conducteur. Toutefois, une voiture dont le cheval est attaché derrière une voiture attelée de quatre chevaux au plus n'a pas besoin d'un conducteur particulier. Les règlements de police municipale détermineront, en ce qui concerne la traversée des villes, bourgs et villages, les restrictions qui peuvent être apportées aux dispositions du présent article et de celui qui précède.

(V. art. 2, § 2, n° 5, et art. 5 de la loi du 30 mai 1851.)

L'article 14 ne s'applique qu'aux voitures ne se vant pas au transport des personnes, et circulant sur les grandes routes et chemins de grande communication.

Mais l'article 475, n° 3, du Code pénal, qui reproduit les mêmes prescriptions, s'applique à toutes les voitures, même particulières, circulant sur toutes sortes de chemins — Si donc le gendarme, rédacteur du procès-verbal, avait visé improprement l'article 14 du décret du 10 août 1852, le délinquant pourrait être poursuivi en vertu de l'article 475, n° 3, du Code pénal.

L'article 14 s'applique aussi bien aux bœufs et autres animaux qu'aux chevaux.

Sont en contravention, en vertu du même article :

1° Le conducteur d'un chariot attelé de bœufs monté sur sa voiture;

2° Le voiturier monté sur l'un des chevaux de son attelage;

3° Le roulier assis sur son siège, et dont les bêtes de trait n'ont pas de guides.

En ce qui touche les voitures de messageries. voir l'article 34 du présent décret.

Art. 15. — Aucune voiture marchant isolément ou en tête d'un convoi ne pourra circuler pendant la nuit sans être pourvue d'un falot ou d'une lanterne allumée. Cette disposition pourra être appliquée aux voitures d'agriculture par des arrêtés des Préfets ou des Maires.

L'*éclairage* est une des mesures de police désignées dans l'article 2, paragraphe 2, n° 5, de la loi du 30 mai 1851, et la violation de notre article tombe, par suite, sous l'application de l'article 5 de la même loi.

L'article 15 ne vise que les grandes routes et les chemins de grande communication; pour tous les autres chemins, il n'y a contravention qu'autant que l'éclairage a été prescrit par un règlement.

Sont exemptes de l'éclairage, les *voitures servant à l'agriculture*, à moins qu'elles n'y soient soumises par un arrêté préfectoral ou municipal.

Mais les voitures ainsi exonérées sont seulement celles désignées dans l'article 3, paragraphe 4, de la loi du 30 mai 1851 et dans l'article 16 du présent décret.

Restent donc soumises à l'éclairage les voitures d'agriculture servant aux transports de la ferme au marché ou de la ferme à une destination déterminée.

Les *voitures de commerçants* sont comprises dans les voitures ne servant pas au transport des personnes et doivent être éclairées aussi bien que celles de roulage.

Les *voitures particulières* servant au transport des personnes peuvent aussi être soumises à l'éclairage par arrêté spécial du préfet. (V. art. 2 du décret du 24 février 1858.)

En ce qui touche l'éclairage des *voitures de messageries*, l'article 28 du présent décret établit des dispositions spéciales

La contravention résultant du défaut d'éclairage est imputable au conducteur.

L'éclairage est prescrit par l'article 14 pour les voitures ne servant pas au transport des personnes, en d'autres termes, servant au transport des marchandises; mais peu importe que la voiture soit chargée ou non ou même qu'il y ait des banquettes pour le conducteur et les personnes qui accompagnent les marchandises.

Une voiture servant accidentellement au transport des marchandises doit être éclairée quoiqu'elle soit d'habitude employée au transport des personnes.

Lorsque plusieurs voitures marchent à la suite les unes des autres sans former de convoi, elles doivent être pourvues chacune d'une lanterne; il y a autant de contraventions que de voitures non éclairées.

Les mots « ne pourra circuler » de l'article 15 n'empêchent pas que cet article soit applicable à une voiture momentanément arrêtée.

Il faut entendre par nuit pour l'application de notre

article, le temps qui s'écoule entre le lever et le coucher du soleil.

Ne peut être excusé celui qui n'a pas pourvu sa voiture d'éclairage, sous prétexte que la lune permettait de parcourir la route sans danger.

Il n'y a pas contravention, s'il est établi que la lanterne a été éteinte par des coups de vent violents et répétés.

La *lanterne* doit être fixée à la voiture et placée à l'avant : si elle est tenue à la main par une personne assise ou debout dans la voiture, il y a contravention.

Art. 16. — Tout propriétaire de voiture ne servant pas au transport des personnes est tenu de faire placer, en avant des roues et au côté gauche de sa voiture, une plaque métallique portant en caractères apparents et lisibles, ayant au moins 0m,005 (cinq millimètres) de hauteur, ses nom, prénoms et profession, les noms de la commune, du canton et du département de son domicile.

Sont exceptés de cette disposition, conformément à la loi du 30 mai 1851 : 1° les voitures particulières destinées au transport des personnes, mais étrangères à un service public des messageries : 2° les malles-postes et autres voitures appartenant à l'administration des postes ; 3° les voitures d'artillerie, chariots et fourgons appartenant aux départements de la Guerre et de la Marine. Des décrets du Président de la République déterminent les marques distinctives que doivent porter les voitures désignées aux paragraphes 2 et 3, et les titres dont les conducteurs doivent être munis; 4° les voitures employées à la culture des terres, au transport des récoltes, à l'exploitation des fermes, qui se rendent de la ferme aux champs ou les champs à la ferme, ou qui servent au transport des objets récoltés, du lieu où ils ont été recueillis jusqu'à celui où, pour les conserver et les manipuler, le cultivateur les dépose ou les rassemble.

(V. art. 3, 7 et 8 de la loi du 30 mai 1851.)

Les *voitures particulières* ne sont pas soumises à l'obligation de la plaque.

La plaque des voitures ne servant pas au transport des personnes doit porter toutes les indications contenues dans l'article 16; l'omission d'une seule d'entre elles suffit pour constituer la contravention.

Ainsi, il y a lieu de dresser procès-verbal :

1° Si la plaque est placée ailleurs qu'à l'extérieur, à gauche et en avant des roues.

2° Si la plaque n'est pas métallique et, par exemple, remplacée par une feuille de papier collée ou une inscription peinte sur la voiture;

3° Si les caractères ne sont pas apparents et lisibles.

4° Si la plaque ne porte pas soit le nom, les prénoms et la profession du propriétaire de la voiture, soit les noms de la commune, du canton et du département de son domicile. (Il est fait toutefois, dans ce dernier cas, exception pour les grandes villes, Paris, Bordeaux, Lyon, etc., dont le nom seul suffit.)

L'article 16 établit, dans son dernier paragraphe, de nombreuses exceptions à la règle posée dans le premier paragraphe; mais ces exceptions ne doivent pas être étendues.

Spécialement, en ce qui touche les voitures d'agriculture, elles sont soumises à l'obligation de la plaque, si elles sont employées au transport de chaux ou de sable pour constructions, ou bien encore si elles transportent des récoltes de la ferme au marché, ou dans tout autre cas en dehors du paragraphe 4 de l'article 16.

Quant aux voitures de messageries, voir les dispositions de l'article 29 du présent décret.

TITRE III. — *Dispositions applicables aux voitures des messageries.*

Art. 17. — Les entrepreneurs des voitures publiques, allant à destination fixe, déclareront le siège principal de leur établissement, le nombre de leurs voitures, celui des places qu'elles contiennent, le lieu de destination, les jours et heures de départ et d'arrivée. Cette déclaration sera faite, dans le département de la Seine, au préfet de police, et dans les autres départements, aux préfets ou sous-préfets. Ces formalités ne seront obligatoires pour les entrepreneurs actuels qu'au renouvellement de leurs voitures, ou lorsqu'ils en modifieront la forme ou la contenance. Tout changement aux dispositions arrêtées par suite du premier paragraphe du présent article donnera lieu à une déclaration nouvelle.

Toutes les infractions aux ar icles contenus dans le titre III sont punies par l'article 6 de la loi du 30 mai 1851, sauf les exceptions que nous indiquerons en leur lieu et place.

Art. 18. — Aussitôt après les déclarations faites, en vertu des paragraphes 1 et 2 de l'article précédent, le préfet et le sous-préfet ordonne la visite des voitures afin de constater si elles sont entièrement conformes à ce qui est prescrit par les articles ci-après, de 19 à 29 inclusivement, et si elles ne présentent aucun vice de construction qui puisse occasionner des accidents. Cette visite, qui pourra être renouvelée toutes les fois que l'autorité le jugera nécessaire, sera faite en présence du commissaire de police, par un expert nommé par le préfet ou le sous-préfet. L'entrepreneur a la faculté de nommer, de son côté, un expert pour opérer contradictoirement avec celui de l'Administration. La visite des voitures ne peut être faite qu'à l'un des principaux établissements de l'entreprise ; les frais sont à la charge de l'entrepreneur. Le préfet prononce sur le vu du procès-verbal d'expertise et du rapport du commissaire de police. Aucune voiture ne peut être mise en circulation avant la délivrance de l'autorisation du préfet.

Pour les voitures servant accidentellement au transport des personnes, par exemple un jour de dimanche ou de fête, il suffit d'une déclaration au bureau des Contributions indirectes et de la délivrance d'un laisser-passer.

Art. 19. — Le préfet transmet au directeur des Contributions indirectes copie par extrait des autorisations par lui accordées en vertu de l'article précédent. L'estampille prescrite par l'article 117 de la loi du 25 mars 1817 n'est délivrée que sur le vu de cette autorisation, qui doit être inscrite sur un registre spécial.

Art. 20. — La largeur de la voie pour les voitures publiques est fixée au minimum à 1m,65 (un mètre soixante-cinq centimètres) entre le milieu des jantes de la partie des roues reposant sur le sol. Toutefois, si les voitures sont à quatre roues, la voie de devant pourra être réduite à 1m,55 (un mètre cinquante-cinq centimètres). En pays de montagnes, les entrepreneurs peuvent être autorisés par les préfets, sur l'avis des ingénieurs ou des agents-voyers, à employer des largeurs de voies moindres que celles réglées par les paragraphes précédents, mais à la condition que les voies seront au moins égales à la voie la plus large des voitures en usage dans la contrée.

Art. 21. — La distance entre les axes des deux essieux, dans les voitures publiques à quatre roues, sera égale au moins à la moitié de la longueur des caisses, mesurées à la hauteur de leur ceinture, sans pouvoir néanmoins descendre au-dessous de $1^m,55$ (un mètre cinquante-cinq centimètres).

Art. 22. — Le maximum de la hauteur des voitures publiques, depuis le sol jusqu'à la partie la plus élevée du chargement, est fixée à 3^m (trois mètres) pour les voitures à quatre roues, et à $2^m,60$ (deux mètres soixante centimètres), pour les voitures à deux roues. — Il est accordé, pour les voitures à quatre roues, une augmentation de $0^m,10$ (10 centimètres), si elles sont pourvues à l'avant-train de sassoires et contre-sassoires, formant chacune au moins un demi-cercle de $1^m,15$ (un mètre quinze centimètres) de diamètre, ayant la cheville ouvrière pour centre. Lorsque, par application du troisième paragraphe de l'article 20, on autorisera une réduction dans la largeur de la voie, le rapport de la hauteur de la voiture avec la largeur de la voie sera, au maximum, de un trois quarts. Dans tous les cas, la hauteur est réglée par une traverse en fer placée au milieu de la longueur affectée au chargement, et dont les montants, au moment de la visite prescrite par l'article 17, sont marqués d'une estampille constatant qu'ils ne dépassent pas la hauteur voulue ;

ils doivent, ainsi que la traverse, être constamment apparents. — La bâche qui recouvre le chargement ne peut déborder ces montants, ni la hauteur de la traverse. — Il est défendu d'attacher aucun objet en dehors de la bâche.

Il y a contravention dans le fait de placer des malles, paniers ou autres colis sur le devant de la voiture et en dehors de la bâche, encore bien qu'ils soient fixés par des crochets en fer placés au-dessous de la banquette destinée au conducteur et aux voyageurs.

Art. 23. — Les compartiments des voitures publiques seront disposés de manière à satisfaire aux conditions suivantes :

Largeur moyenne des places, 0m,48 (quarante-huit centimètres) ;

Largeur des banquettes, 0m,45 (quarante-cinq centimètres) ;

Distance entre deux banquettes,, 0m,45 (quarante-cinq centimètres) ;

Distance entre la banquette du coupé et le devant de la voiture, 0m,35 (trente-cinq centimètres) ;

Hauteur du pavillon au-dessus du fond de la voiture, 1m,40 (un mètre quarante centimètres) ;

Hauteur des banquettes, y compris le coussin, 0m,40 (quarante centimètres). Pour les voitures parcourant moins de vingt kilomètres et pour les banquettes à plus de trois places, la largeur moyenne des places pourra être réduite à 0m,40 (quarante centimètres).

Contravention punie par l'article 475, numéro 4, du Code pénal.

Art. 24. — Il peut être placé sur l'impériale une

banquette destinée au conducteur et à deux voyageurs, ou à trois voyageurs, lorsque le conducteur se placera sur le même siège que le cocher. Cette banquette, dont la hauteur, y compris le coussin, ne dépassera pas 0m,30 (trente centimètres), ne peut être recouverte que d'une capote flexible. Aucun paquet ne peut être chargé sur cette banquette.

Art. 25. — Le coupé et l'intérieur auront une portière de chaque côté. La caisse de derrière ou la rotonde peut n'avoir qu'une portière ouverte à l'arrière. Chaque portière sera garnie d'un marche-pied.

Art. 26. — Les essieux seront en fer corroyé, de bonne qualité, et arrêtés à chaque extrémité, soit par un écrou assujetti au moyen d'une clavette, soit par une boîte à huile, fixée par quatre boulons traversant la longueur du moyeu, soit par tout autre système qui serait approuvé par le ministre des Travaux publics.

Art. 27. — Toute voiture publique doit être munie d'une machine à enrayer agissant sur les roues de derrière et disposée de manière à pouvoir être manœuvrée de la place assignée au conducteur. Les voitures doivent être, en outre, pourvues d'un sabot et d'une chaîne d'enrayage, que le conducteur placera à chaque descente rapide. Les préfets peuvent dispenser de l'emploi de ces appareils les voitures qui parcourent uniquement des pays de plaine.

Art. 28. — Pendant la nuit, les voitures publiques seront éclairées par une lanterne à réflecteur, placée à droite et à l'avant de la voiture.

Les observations placées sous l'article 15 (éclairage des voitures servant au transport des marchandises) sont applicables à l'éclairage des voitures de messageries.

Art. 29. — Chaque voiture porte à l'extérieur, dans un endroit apparent, indépendamment de l'estampille délivrée par l'administration des Contributions indirectes, le nom et le domicile de l'entrepreneur, et l'indication du nombre des places de chaque compartiment.

Cette obligation est l'équivalent de celle qui impose une plaque aux voitures de marchandises : l'infraction à la règle posée par notre article doit donc trouver une répression dans l'article 7 de la loi du 30 mai 1851 et non dans l'article 6 de la même loi. — Mais est puni par l'article 6 le fait de n'avoir pas indiqué extérieurement le nombre de places de chaque compartiment.

Art. 30. — Elle porte à l'intérieur des compartiments : 1° le numéro de chaque place ; 2° le prix de la place depuis le lieu du départ jusqu'à celui d'arrivée. L'entrepreneur ne peut admettre dans les compartiments de ses voitures un plus grand nombre de voyageurs que celui indiqué sur les panneaux, conformément à l'article 29.

Cette contravention ne peut être excusée et sous aucun prétexte.

Il suffit que le nombre de voyageurs ait été excédé dans un seul compartiment, peu importe que le nombre total des personnes se trouvant dans la voiture ne dépasse pas celui des places dans tous les compartiments réunis.

Art. 31. — Chaque entrepreneur inscrit sur un registre coté et paraphé par le maire le nom des voyageurs qu'il transporte ; il y inscrit également les ballots et paquets dont le transport lui est confié. Il remet au conducteur, pour lui servir de feuille de route, une copie de cet enregistrement, et à chaque voyageur un extrait en ce qui le concerne, avec le numéro de sa place.

Art. 32. — Les conducteurs ne peuvent prendre en route aucun voyageur, ni recevoir aucun paquet sans en faire mention sur les feuilles de route qui leur ont été remises au point de départ.

Art. 33. — Toute voiture publique dont l'attelage ne présentera de front que deux rangs de chevaux pourra être conduite par un seul postillon ou un seul cocher. Elle devra être conduite par deux postillons ou par un cocher et un postillon lorsque l'attelage comportera plus de deux rangs de chevaux.

Art. 34. — Les postillons ou cochers ne pourront, sous aucun prétexte, descendre de leurs chevaux ou de leurs sièges. Il leur est enjoint d'observer, dans les traversées des villes et des villages, les règlements de police concernant la circulation dans les rues. Dans les haltes, le conducteur et le postillon ne peuvent quitter en même temps la voiture quand elle reste attelée. Avant de remonter sur son siège, le conducteur doit s'assurer que les portières sont exactement fermées.

Art. 35. — Lorsque, contrairement à l'article 9 du présent décret, un roulier ou conducteur de voiture n'aura pas cédé la moitié de la chaussée à une voiture publique, le conducteur ou postillon qui aurait à se plaindre de cette contravention devra en faire la déclaration à l'officier de police du lieu le plus rapproché, en faisant connaître le nom du voiturier d'après la plaque de sa voiture. Les procès-verbaux de contravention seront sur-le-champ transmis au procureur de la République, qui fera poursuivre les délinquants.

L'infraction à cette règle, qui n'est punie que de peines de simple police quand il s'agit de voitures servant au transport des marchandises (art. 2, § n° 5, et art. 5 de la loi du 30 mai 1851), est punie de peines correctionnelles quand il s'agit de voitures de messageries (art. 2, § 3, n° 5, et art. 6 de la même loi).

Art. 36. — Les entrepreneurs de voitures publiques, autres que celles conduites par les maîtres de poste, feront, à Paris, à la Préfecture de police, et dans les départements, à la préfecture ou sous-préfecture du lieu où sont établis leurs relais, la déclaration des lieux où ces relais sont situés et du nom des relayeurs. Une déclaration semblable sera faite chaque fois que les entrepreneurs traiteront avec un nouveau relayeur.

Art. 37. — Les relayeurs ou leurs préposés seront présents à l'arrivée et au départ de chaque voiture, et s'assureront par eux-mêmes, et sous leur responsabilité, que les postillons ne sont pas en état d'ivresse. La tenue des relais, en tout ce qui intéresse la sûreté des voyageurs, est surveillée, à Paris, par le préfet de police, et, dans les départements, par les maires des communes où ces relais se trouvent établis.

Art. 38. — Nul ne peut être admis comme postillon ou cocher, s'il n'est âgé de seize ans au moins et porteur d'un livret délivré par le maire de la commune de son domicile, attestant ses bonnes vie et mœurs, et son aptitude pour le métier qu'il veut exercer.

Art. 39. — A chaque bureau de départ et d'arrivée, et à chaque relai, il y a un registre coté et paraphé par le maire, pour l'inscription des plaintes que les voyageurs peuvent avoir à formuler contre les conducteurs, postillons au cochers. Ce registre est présenté aux voyageurs à toute réquisition par le chef de bureau ou par le relayeur. Les maîtres de poste qui conduisent des voitures publiques présentent, aux voyageurs qui le requièrent, le registre qu'ils sont obligés de tenir d'après le règlement des postes.

Art. 40. — Les dispositions qui précèdent ne sont pas applicables aux malles-postes destinées au transport de la correspondance du Gouvernement et du public, la forme, les dimensions, le chargement et le mode de conduite de ces voitures étant déterminés par des règlements particuliers. Les voitures des entrepreneurs qui transportent les dépêches ne sont pas considérées comme malles-postes.

Art. 41. — Les voitures publiques qui desservent les routes des pays voisins, et qui partent des villes frontières ou qui y arrivent, ne sont pas soumises aux règles ci-dessus prescrites. Elles doivent, toutefois, être solidement construites.

Art. 42. — Les articles ci-dessus, de 16 à 38,

seront constamment placardés, à la diligence des entrepreneurs des voitures publiques, dans le lieu le plus apparent des bureaux de relais.

Les articles de 28 à 38 inclusivement seront imprimés à part et affichés dans l'intérieur de chacun des compartiments des voitures.

TITRE IV. — *Dispositions transitoires.*

Art 43. — Il est accordé un délai de deux ans, à partir de la promulgation du présent décret, pour l'exécution de l'article 12, relatif à la saillie des colliers.

Art. 44. — Les contraventions au présent règlement seront constatées, poursuivies et réprimées conformément aux titres II et III de la loi du 30 mai 1851, sans préjudice des mesures spéciales prescrites par les règlements locaux.

Art. 45. — Les ordonnances des 23 décembre 1816 et 16 juillet 1828 sont et demeurent rapportées.

Décret du 24 février 1858 qui modifie et complète le décret du 10 avril 1852.

ARTICLE 1er.

Abrogé.

ART. 2.

Les préfets pourront appliquer, par des arrêtés spéciaux, aux voitures particulières servant au transport des personnes, les dispositions du premier paragraphe de l'article 15 du décret du 10 août 1852, relatives à l'éclairage des voitures.

ART. 3.

Les préfets pourront restreindre, lorsque la dimension des objets transportés donnera au convoi une longueur nuisible à la liberté ou à la sûreté de la circulation, le nombre des voitures dont l'article 13 du décret du 10 août 1852 permet la réunion en convoi. Leurs arrêtés seront affichés sur les parties de route auxquelles ils s'appliqueront.

Loi du 17 juillet 1908 établissant, en cas d'accident, la responsabilité des conducteurs de véhicules de tout ordre.

Article unique. — Tout conducteur d'un véhicule quelconque qui, sachant que ce véhicule vient de causer ou d'occasionner un accident, ne se sera pas arrêté et aura ainsi tenté d'échapper à la responsabilité pénale ou civile qu'il peut avoir encourue, sera puni de six jours à deux mois de prison et d'une amende de seize francs à cinq cents francs (16 à 500 francs), sans préjudice des peines contre les crimes ou délits qui se seraient joints à celui-ci.

Dans le cas où il y aurait lieu, en outre, à l'application des articles 319 et 320 du Code pénal, les pénalités encourues aux termes de ces articles seraient portées au double.

Les dispositions de l'article 463 du code pénal sont applicables au délit prévu par la présente loi.

Arrêté portant réglementation de la circulation des vélocipèdes sur les voies publiques.

(Du 29 février 1896.)

LE MINISTRE DES TRAVAUX PUBLICS,

Vu les lois des 22 décembre 1789 et 8 janvier 1790;

Vu la loi du 21 mai 1836, art. 9;

Vu la loi du 5 avril 1884, art. 97 et suivants,

ARRÊTE :

Article premier. — La circulation des vélocipèdes sur toutes les voies publiques, nationales, départementales et communales, est soumise aux règles ci-après énumérées.

Art. 2. — Tout vélocipède doit être muni d'un appareil sonore avertisseur dont le son puisse être entendu à 50 mètres.

Dès la chute du jour, il doit être pourvu, à l'avant, d'une lanterne allumée.

Art. 3. — Tout vélocipède doit porter une plaque indiquant le nom et le domicile du propriétaire ainsi qu'un numéro d'ordre si le propriétaire est loueur de vélocipèdes.

Art. 4. — Les vélocipédistes doivent prendre une allure modérée dans la traversée des agglomérations, ainsi qu'aux croisements et aux tournants des voies publiques.

Ils ne peuvent former de groupes dans les rues.

Il leur est défendu de couper les cortèges et les troupes en marche.

En cas d'embarras, les bicyclistes sont tenus de mettre pied à terre et de conduire leurs machines à la main.

Art. 5. — Les vélocipédistes doivent prendre leur droite lorsqu'ils croisent des voitures, des chevaux ou des vélocipèdes, et prendre leur gauche lorsqu'ils veulent les dépasser ; dans ce dernier cas, ils sont tenus d'avertir le conducteur ou le cavalier au moyen de leur appareil sonore et de modérer leur allure.

Les conducteurs de voitures et les cavaliers devront se ranger à leur droite à l'approche d'un vélocipède, de manière à lui laisser libre un espace utilisable d'au moins $1^{m},50$ de largeur.

Les vélocipédistes sont tenus de s'arrêter lorsque, à leur approche, un cheval manifeste des signes de frayeur.

Art. 6. — La circulation des vélocipèdes est interdite sur les trottoirs et contre-allées affectés aux piétons.

Cette interdiction ne s'étend pas aux machines conduites à la main.

Toutefois, en dehors des villes et agglomérations, la circulation des vélocipèdes pourra s'exercer sur les trottoirs et contre-allées affectés aux piétons le long des routes et chemins pavés ou en état de réfection.

Sur tous les trottoirs et contre-allées affectés aux piétons où la circulation des vélocipédistes est autorisée, ceux-ci sont tenus de prendre une allure modérée à la rencontre des piétons et de réduire leur vitesse à celle d'un homme au pas, au droit des habitations isolées.

Art. 7. — La circulation des vélocipédistes peut être interdite par des arrêtés municipaux, temporairement ou d'une façon permanente, sur tout ou partie d'une voie publique.

A chacune des extrémités des espaces interdits, des écriteaux placés et entretenus par la commune donnent avis de l'interdiction.

Art. 8. — Sont rapportés tous arrêtés préfectoraux ou municipaux pris antérieurement pour réglementer la circulation des vélocipèdes dans les diverses communes de la France.

Art. 9. — Les contraventions au présent arrêté seront constatées par des procès-verbaux et déférées aux tribunaux compétents.

Art. 10. — Les sous-préfets, maires, officiers de gendarmerie, ingénieurs et agents des ponts et chaussées, les agents-voyers, les commissaires de police, les gardes-champêtres et tous officiers de police judiciaire sont chargés de veiller à l'exécution du présent arrêté.

Le Ministre des travaux publics,

Signé : LEBON.

Les contraventions à cet arrêté tombent sous le coup de l'article 471, § 15, du Code pénal et sont punies de peines de simple police (amende de 1 franc à 5 francs; en cas de récidive dans l'année, emprisonnement de trois jours au plus).

Il en est de même des contraventions aux arrêtés préfectoraux ou municipaux pris, pour réglementer la circulation des vélocipèdes, postérieurement à l'arrêté ministériel du 29 février 1896.

PLAQUE DE CONTROLE.

(Loi de finances du 30 janvier 1907.)

A partir du 1er janvier 1907, aucun vélocipède ou appareil analogue ne pourra être mis en circulation sans avoir été revêtu d'une plaque fournie par l'administration des contributions indirectes contre payement de l'impôt par le contribuable, qui devra faire connaître en même temps son nom et son adresse.

Les plaques seront renouvelables tous les ans et valables du 1er janvier au 31 décembre. Leur modèle, ainsi que les conditions dans lesquelles elles devront être fixées aux vélocipèdes, seront déterminés par arrêtés ministériels. (Art. 23 de la loi de finances du 30 janvier 1907.)

Les contraventions à l'article précédent et aux dispositions des arrêtés ministériels rendus pour son exécution seront constatées par les agents des contributions indirectes et des octrois et par tous autres agents ayant qualité pour dresser des procès-verbaux en matière de police du roulage. Les vérifications nécessaires à cet effet pourront être effectuées sur la voie publique, dans les établissements ouverts au public et en tous autres lieux où les agents sus désignés ont légalement accès.

Les contraventions, constatées et poursuivies comme en matière de contributions indirectes, seront déférées aux tribunaux de simple police et punies d'une amende de 1 à 15 francs, indépendamment du quintuple du droit fraudé.

A défaut de caution ou de consignation de l'amende, les vélocipèdes ou appareils analogues seront saisis, mais seulement pour garantie des condamnations à intervenir.

En cas de procès-verbal rapporté contre inconnus, la confiscation des machines sera prononcée. (Art. 24 de la loi du 30 janvier 1907).

Arrêté du Ministre des finances du 29 octobre 1907.

Art. 1er. — La plaque que doit porter tout vélocipède ou appareil analogue sera en métal ; elle sera conforme à l'un des modèles A ou B. Le modèle A sera affecté aux vélocipèdes ordinaires ; le modèle B aux vélocipèdes munis de machine motrice.

Les plaques seront frappées par l'administration des monnaies et médailles d'un poinçon spécial.

Les vélocipèdes seront munis d'autant de plaques qu'ils comportent de places.

Art. 2. — La plaque sera fixée sur le tube de direction, soit au moyen de la lame métallique délivrée en même temps que la plaque, soit par tout autre procédé, de manière à se présenter de face sur le devant du vélocipède. Pour les vélocipèdes à plusieurs places, la première plaque sera fixée à l'endroit déterminé par le paragraphe précédent, les autres sur les tubes diagonaux du cadre qui supportent chacune des selles à partir de la seconde.

Les plaques de vélocipèdes à moteur mécanique ayant plusieurs places seront fixées les unes au-dessus des autres sur le tube de direction.

Les plaques doivent toujours rester apparentes sur les vélocipèdes.

La taxe des vélocipèdes en usage dans l'armée, qu'ils soient la propriété de l'Etat ou des militaires autorisés à les utiliser pour le service (gendarmerie à pied), doit être imputée d'après les règles fixées par la circulaire ministérielle du 30 août 1907.

Dans la gendarmerie et la garde républicaine, la dépense est supportée par la masse d'entretien et de remonte.

Automobilisme.

(*Décret du* 10 *mars* 1899 *modifié par celui du* 10 *décembre* 1901.)

Art. 1er. Est soumise aux prescriptions du présent règlement, la circulation, sur la voie publique, des véhicules à moteurs mécaniques autres que ceux servant à l'exploitation des voies ferrées.

SECTION I

AUTOMOBILES AVEC OU SANS AVANT-TRAIN, MOTEUR A BOGGIE OU NON, CIRCULANT ISOLÉMENT.

TITRE I

MESURES DE SURETÉ

Art. 2. Les réservoirs, tuyaux et pièces quelconques destinés à contenir des produits explosifs ou inflammables seront construits de façon à ne laisser échapper ni tomber aucune matière pouvant causer une explosion ou un incendie.

Art. 3. Les appareils devront être disposés de telle manière que leur emploi ne présente aucune cause particulière de danger et ne puisse ni effrayer les chevaux, ni répandre d'odeurs incommodes.

Art. 4. Les organes de manœuvre seront groupés de façon que le conducteur puisse les actionner sans cesser de surveiller sa route.

Rien ne masquera la vue du conducteur vers l'avant, et les appareils indicateurs qu'il doit consulter seront placés bien en vue et éclairés la nuit.

Art. 5. — Le véhicule devra être disposé de manière à obéir sûrement à l'appareil de direction et à tourner avec facilité dans les courbes de petit rayon. Les organes de commande de la direction offriront toutes les garanties de solidité désirables.

Les automobiles dont le poids à vide excède 350 kilogrammes seront munis de dispositifs permettant la marche en arrière.

Art. 6. — Le véhicule devra être pourvu de deux systèmes de freinage distincts, suffisamment efficaces, dont chacun sera capable de supprimer automatiquement l'action motrice du moteur ou de la maîtriser.

L'un au moins de ces systèmes agira directement sur les roues ou sur les couronnes immédiatement solidaires de celles-ci, et sera capable de caler instantanément les roues.

L'un de ces systèmes ou un dispositif spécial permettra d'arrêter toute dérive en arrière.

Dans le cas d'un véhicule à avant-train moteur à boggie, l'un des systèmes de freinage à la disposition du mécanicien devra pouvoir agir sur les roues arrière du véhicule.

Art. 7. — La constatation que les voitures automobiles satisfont aux diverses prescriptions ci-dessus sera faite par le service des mines, sur la demande du constructeur ou du propriétaire. Pour les voitures construites en France, le fabricant devra demander la vérification de tous les types d'automobiles qu'il a établis ou établira. Pour les voitures de provenance étrangère, l'examen sera fait, avant la mise en service en France, sur le point du territoire désigné par le propriétaire de la voiture.

Lorsque le fonctionnaire des mines délégué à cet effet aura constaté que la voiture présentée satisfait aux prescriptions réglementaires, il dressera de ses opérations un procès-verbal dont une expédition sera remise soit au constructeur, soit au propriétaire, suivant le cas.

Le constructeur aura la faculté de livrer au public un nombre quelconque de voitures suivant chacun des types qui auront été reconnus conformes au règlement. Il donnera à chacune d'elles un numéro d'ordre dans la série à laquelle elle appartient, et il devra remettre à l'acheteur une copie du procès-verbal et un certificat attestant que la voiture livrée est entièrement en conformité du type.

Le certificat devra spécifier le maximum de vitesse que l'automobile est capable d'atteindre en palier.

Chaque voiture portera en caractères bien apparents :

1° Le nom du constructeur, l'indication du type et le numéro d'ordre dans la série du type;

2° Le nom et le domicile du propriétaire.

En cas de refus par les ingénieurs des mines de dresser un procès-verbal constatant que le véhicule présenté satisfait aux prescriptions réglementaires, les intéressés pourront faire appel au ministre des travaux publics, qui statuera après avis de la commission centrale des machines à vapeur.

Si l'automobile est capable de marcher en palier à une vitesse supérieure à 30 kilomètres à l'heure, il sera pourvu de deux plaques d'identité, portant un numéro d'ordre, qui devront toujours être placées à l'avant et à l'arrière du véhicule. Le ministre des travaux publics fixera le modèle de ces plaques, leur mode de pose et leur mode d'éclairage pendant la nuit; il fixera également le mode d'attribution aux intéressés des numéros d'ordre. (Voir plus loin l'arrêté du ministre des travaux publics en date du 11 septembre 1901.)

TITRE II.

MISE EN CIRCULATION.

Art. 8. — Tout propriétaire d'un automobile devra, avant de le mettre en circulation sur les voies publiques, adresser au préfet du département où il réside une déclaration dont il lui sera remis récépissé. Cette déclaration sera communiquée sans délai au service des mines.

Le récépissé de la déclaration indiquera le numéro d'ordre assigné au véhicule ou spécifiera qu'il n'est pas assujetti à porter les plaques visées dans l'article précédent.

Art. 9. — La déclaration fera connaître le nom et le domicile du propriétaire.

Elle sera accompagnée d'une copie du procès-verbal dressé en vertu de l'article 7.

Art. 10. — La déclaration faite dans un département suffira pour toute la France.

TITRE III.

CONDUITE ET CIRCULATION.

Art. 11. — Nul ne pourra conduire un automobile s'il n'est porteur d'un certificat de capacité délivré par le préfet du département de sa résidence, sur l'avis favorable du service des mines.

Un certificat de capacité spéciale sera institué pour les conducteurs de motocycles d'un poids inférieur à 150 kilogrammes.

Art. 12. — Le conducteur d'un automobile sera tenu de présenter à toute réquisition de l'autorité compétente :

1° Son certificat de capacité ;

2° Le récépissé de déclaration du véhicule.

Art. 13. — Les divers organes du mécanisme moteur, les appareils de sûreté, la commande de la direction, les freins et leurs systèmes de commande, ainsi que les transmissions de mouvement et les essieux, seront constamment entretenus en bon état.

Le conducteur devra vérifier fréquemment par l'usage le bon état de fonctionnement des deux systèmes de freinage.

Art. 14. — Le conducteur de l'automobile devra rester constamment maître de sa vitesse. Il ralentira ou même arrêtera le mouvement toutes les fois que le véhicule pourrait être une cause d'accident, de désordre ou de gêne pour la circulation.

La vitesse devra être ramenée à celle d'un homme au pas dans les passages étroits ou encombrés.

En aucun cas, la vitesse n'excédera celle de 30 kilomètres à l'heure en rase campagne et de 20 kilomètres à l'heure dans les agglomérations, sauf l'exception prévue à l'article 31.

Art. 15. — L'approche du véhicule devra être signalée, en cas de besoin, au moyen d'une trompe.

Tout automobile sera muni, à l'avant, d'un feu blanc et d'un feu vert.

Art. 16. — Le conducteur ne devra jamais quitter le véhicule sans avoir pris les précautions utiles pour prévenir tout accident, toute mise en route intempestive, et pour supprimer tout bruit de moteur.

SECTION II.

AUTOMOBILES REMORQUANT D'AUTRES VÉHICULES.

TITRE IV.

MESURES DE SURETÉ.

Art. 17. — Les automobiles remorquant d'autres véhicules ne pourront circuler sur les voies publiques qu'autant qu'ils satisferont, en ce qui concerne les appareils moteurs, les organes de transmission, de freinage et de conduite, aux prescriptions des articles 2, 3, 4, 5, 6 du présent règlement.

Art. 18. — Indépendamment des freins de l'automobile prévus par l'article 6, chaque véhicule remorqué sera muni d'un système de freins suffisamment efficace et rapide, susceptible d'être actionné, soit par le mécanicien à son poste sur l'automobile, soit par un conducteur spécial.

Art. 19. — Les véhicules remorqués porteront en caractères bien apparents le nom et le domicile du propriétaire.

Art. 20. — Aucun automobile destiné à remorquer d'autres véhicules ne pourra être mis en service qu'en vertu d'une autorisation du préfet, délivrée après avis du service des mines.

Le fonctionnaire délégué à cet effet visitera l'automobile et pourra procéder à des essais ayant pour but de constater qu'il ne présente aucune cause particulière de danger en raison du service auquel il est destiné.

L'autorisation délivrée à la suite de ces vérifications sera valable pour tous les départements.

TITRE V.

MISE EN CIRCULATION.

Art. 21. — Nul ne pourra faire circuler dans un département des automobiles remorquant d'autres véhicules sans une autorisation délivrée par le préfet de ce département, après avis, soit de l'ingénieur en chef des ponts et chaussées, soit de l'agent voyer en chef, ou de ces deux chefs de service, suivant la nature des routes et chemins empruntés.

La demande devra indiquer :

1° Les routes et chemins que le pétitionnaire a l'intention de suivre;

2° Le poids de l'automobile, celui de chacun des véhicules chargés et la charge maxima par essieu;

3° La composition habituelle des trains et leur longueur totale.

Art. 22. — L'autorisation déterminera les conditions particulières de sécurité auxquelles le permissionnaire sera soumis indépendamment des prescriptions générales du présent règlement.

Les intéressés pourront faire appel de la décision du préfet devant le ministre des travaux publics, qui statuera, après avis de la commission centrale des machines à vapeur.

TITRE VI.

CONDUITE ET CIRCULATION.

Art. 23. — Tout train portera, la nuit, un feu rouge à l'arrière sans préjudice du feu blanc et du feu vert prévus par l'article 15.

Art. 24. — La vitesse des trains en marche ne dépassera pas 20 kilomètres à l'heure en rase campagne et 10 kilomètres à l'heure dans les agglomérations.

Art. 25. — Lorsque les freins des véhicules remorqués ne seront pas actionnés par le mécanicien, la manœuvre de ces freins sera confiée à des conducteurs spéciaux dont le nombre sera proportionné à l'importance du convoi, eu égard aux déclivités du parcours et à la vitesse de marche.

Dans tous les cas, des dispositions efficaces seront prises pour empêcher toute dérive en arrière des véhicules remorqués.

Art. 26. — Le stationnement de trains sur la voie publique ne devra, en aucun cas, gêner la circulation ni entraver l'accès des propriétés.

Pour les services publics de voyageurs, les points de stationnement seront désignés par l'arrêté préfectoral d'autorisation.

Art. 27. — La marche, la conduite et l'entretien des automobiles et des véhicules remorqués seront soumis aux prescriptions des articles 11, 12, 13, aux deux premiers alinéas de l'article 14, ainsi qu'aux articles 15 et 16 du présent règlement.

Art. 28. — Les dispositions du présent règlement, à l'exception des articles 18 à 27, seront applicables aux automobiles remorquant une voiturette dont le poids, voyageurs compris, ne dépasse pas 200 kilogrammes, pourvu que les freins soient capables de servir efficacement pour l'ensemble.

SECTION III.

TITRE VII.

DISPOSITIONS GÉNÉRALES.

Art. 29. — Indépendamment des prescriptions du présent règlement, les automobiles demeureront soumis aux dispositions du règlement sur la police du roulage.

Art. 30. — L'appareil d'où procède la source d'énergie sera soumis aux dispositions des règlements sur les appareils du même genre, en vigueur ou à intervenir.

Art. 31. — Les courses de voitures automobiles dont le parcours ne comprendra qu'un seul département ne pourront avoir lieu sur la voie publique sans une autorisation spéciale du préfet, sur l'avis des chefs des services de voirie et avec l'agrément des maires des communes intéressées.

Lorsque le parcours d'une course comprendra plusieurs départements, l'autorisation sera délivrée par le Ministre de l'intérieur, sur l'avis des préfets des départements traversés et donnée avec les mêmes formalités que ci-dessus.

La vitesse pourra excéder celle de 30 kilomètres à l'heure en rase campagne; elle ne pourra en aucun cas dépasser celle de 20 kilomètres à l'heure dans les agglomérations.

Les frais de surveillance et autres occasionnés à l'administration par la course seront supportés par les organisateurs de celle-ci, qui devront déposer à cet effet une consignation préalable.

Art. 32. — Après deux contraventions dans l'année, les certificats de capacités délivrés en vertu de l'article 11 du présent règlement pourront être retirés par arrêté préfectoral, le titulaire entendu et sur l'avis du service des mines.

Art. 33. — Les contraventions aux dispositions qui précèdent seront constatées par des procès-verbaux et déférées aux tribunaux compétents, conformément aux dispositions des lois et règlements en vigueur ou à intervenir.

Art. 34. — Les attributions conférées aux préfets des départements par le présent décret sont exercées par le préfet de police dans toute l'étendue de son ressort.

Art. 35. — Les ministres de l'intérieur et des travaux publics sont chargés, chacun en ce qui le concerne, d'assurer l'exécution du présent décret, qui sera publié au *Journal officiel* et inséré au *Bulletin des lois*.

Fait à Paris, le 10 mars 1899.

EMILE LOUBET.

Arrêté ministériel du 11 septembre 1901.

Le Ministre des Travaux publics,

Vu le décret du 10 mars 1899, modifié par celui du 10 septembre 1901, et notamment l'article 7, avant-dernier paragraphe, ainsi conçu :

« Si l'automobile est capable de marcher en palier à une vitesse supérieure à 30 kilomètres à l'heure, il sera pourvu de deux plaques d'identité, portant un numéro d'ordre, qui devront toujours être placées en évidence à l'avant et à l'arrière du véhicule. Le Ministre des travaux publics fixera le modèle de ces plaques, leur mode de pose et leur mode d'éclairage pendant la nuit; il fixera également le mode d'attribution aux intéressés des numéros d'ordre » ;

Sur la proposition du Directeur des routes, de la navigation et des mines;

Arrête :

Art. 1er. — Les numéros d'ordre à attribuer aux automobiles capables de marcher en palier à une vitesse supérieure à 30 kilomètres à l'heure seront fixés par l'ingénieur en chef des mines de chaque arrondissement minéralogique.

Le numéro sera porté sur le récépissé de déclaration à remettre à l'intéressé.

Art. 2. — Ce numéro d'ordre sera formé d'un groupe de chiffres arabes suivi de lettres majuscules romaines caractéristiques du service de l'ingénieur en chef.

Le numéro sera reproduit sur les plaques

d'identité en caractères blancs sur fond noir avec les dimensions suivantes :

	PLAQUE	
	Avant.	Arrière.
	—	—
Hauteur des chiffres ou lettres.	75mm	100mm
Largeur uniforme du trait....	12	15
Largeur du chiffre ou de la lettre..........................	45	60
Espace libre entre les chiffres ou les lettres..............	30	35
Hauteur de la plaque........	100	120

Le groupe des chiffres sera séparé des lettres par un trait horizontal placé à moitié hauteur de la plaque, avec les dimensions suivantes :

	PLAQUE	
	Avant.	Arrière.
	—	—
Largeur, sens vertical........	12mm	15mm
Longueur, sens horizontal....	45	60
Espace libre entre le trait et les chiffres ou les lettres....	30	35

Art. 3. — Les plaques seront placées de façon à être toujours en évidence dans des plans verticaux perpendiculaires à l'axe longitudinal du véhicule, l'axe de la plaque étant autant que possible sur cet axe longitudinal.

Art. 4. — La plaque d'arrière sera éclairée pendant la nuit par réflexion avec une intensité qui permette de lire le numéro d'ordre aux mêmes distances que le jour.

Toutefois, on pourra, pendant la nuit, substituer à la plaque d'arrière une lanterne qui éclairera par transparence un verre laiteux recouvert d'une plaque ajourée, de manière que les caractères constituant le numéro se détachent en clair sur fond obscur avec les mêmes dimensions que celles indiquées à l'article 2.

Paris, le 11 septembre 1901.

Pierre BAUDIN.

Circulaire du Ministre de l'intérieur, président du conseil, adressée aux préfets, relative aux arrêtés municipaux visant la circulation des automobiles.

A la suite de l'avis en date du 18 mars 1902 formulé par les sections réunies de l'intérieur et des travaux publics du conseil d'Etat, et portant qu'elles estimaient que les décrets des 18 mars 1899 et 10 septembre 1901, relatifs à la circulation des automobiles, n'avaient en aucune façon amoindri les droits de police que les maires tiennent de la loi du 5 avril 1884, un assez grand nombre de magistrats municipaux ont pris des arrêtés tendant à réduire la vitesse des véhicules automobiles prévue par l'article 14 du décret de 1899 pour la traversée des agglomérations.

Il est parvenu à ma connaissance que les limitations d'allure ainsi opérées ont été assez souvent considérables et très inférieures à l'allure normale d'un cheval au trot, permise en général par les règlements. La commission extra-parlementaire de la circulation des automobiles a d'ailleurs appelé spécialement mon intérêt sur la différence du traitement appliqué aux véhicules à traction animale et aux véhicules à traction mécanique, et sur la rigueur des arrêtés concernant ces derniers.

Je crois donc utile d'attirer votre attention sur cette question et de vous recommander d'examiner avec soins les règlements municipaux relatifs aux automobiles, avant de délivrer le récépissé prévu par l'article 95 de la loi du 5 avril 1884.

Si les décrets de 1899 et de 1901 ont laissé intacts les pouvoirs conférés aux maires par l'article 97 de loi municipale, notamment en ce qui touche la sûreté et la commodité du passage sur les voies publiques, il n'en est pas moins vrai que l'exercice de ces pouvoirs reste placé sous votre contrôle et que vous devez vous opposer à toutes mesures excessives ou vexatoires.

A moins de circonstances particulières, il semble difficile de justifier l'obligation qui serait imposée aux véhicules automobiles de traverser une agglomération à une allure sensiblement plus ralentie que celle qui est permise aux véhicules à traction animale. La puissance des freins et la souplesse des organes de direction sont telles, en effet, qu'à une allure modérée, les automobiles peuvent presque instantanément être arrêtées et détournées d'un obstacle; elles ne présentent donc pas plus de dangers pour la circulation que les autres véhicules.

Sans doute, il faut tenir compte des appréhensions du public inhérentes à toute innovation, et aussi des difficultés particulières que présente l'œuvre de la police au regard des excès de vitesse; mais il convient au moins d'écarter toute prescription qui traduirait une certaine hostilité contre le nouveau mode de locomotion, appelé à rendre des services considérables, et avec lequel le public se familiarisera peu à peu.

Je vous recommande, en conséquence, d'examiner avec soin les arrêtés municipaux relatifs à la circulation des automobiles, et de veiller à ce que leurs prescriptions ne dépassent pas la mesure des besoins de la sécurité publique.

Arrêté concernant la circulation des automobiles.

Le ministre des travaux publics, des postes et des télégraphes ;

Vu le décret du 10 mars 1899, modifié par celui du 10 septembre 1901, portant règlement sur la circulation des automobiles, et spécialement l'article 7, avant-dernier paragraphe, ainsi conçu :

« Si l'automobile est capable de marcher en palier à une vitesse supérieure à 30 kilomètres à l'heure, il sera pourvu de deux plaques d'identité, portant un numéro d'ordre, qui doivent toujours être placées en évidence à l'avant et à l'arrière du véhicule. Le Ministre des travaux publics fixera le modèle de ces plaques, leur mode de pose et leur mode d'éclairage pendant la nuit; il fixera également le mode d'attribution aux intéressés des numéros d'ordre. »

Vu les arrêtés ministériels des 11 septembre et 12 décembre 1901 relatifs à l'application du règlement précité ;

Sur la proposition du conseiller d'Etat, directeur des routes, de la navigation et des mines,

Arrête :

Art. 1er. — L'article 3 de l'arrêté du 11 septembre 1901 est complété par un paragraphe additionnel ainsi conçu :

« Chacune des plaques pourra être constituée par une surface plane faisant partie intégrante du châssis ou de la carrosserie et sur laquelle le numéro sera peint à demeure. A défaut de cette disposition, le numéro sera peint à demeure sur une plaque métallique rigide, invariablement rivée au châssis ou à la carrosserie.

Art. 2. — L'article 4 du même arrêté est modifié ainsi qu'il suit :

« Pendant la nuit et dès la chute du jour, le véhicule portera à l'arrière, dans un emplacement satisfaisant aux conditions de l'article 3, complété comme ci-dessus, une lanterne à réflecteur en parfait état, qui éclairera par transparence un verre laiteux recouvert d'une plaque ajourée ou un dispositif équivalent, faisant apparaître le numéro en caractères lumineux sur fond obscur, avec les dispositions et dimensions spécifiés à l'article 2.

» Toutefois, on pourra, à défaut de ce dispositif, éclairer par réflexion la plaque d'arrière visée à l'article 2, au moyen d'une lanterne à réflecteur en parfait état, satisfaisant aux conditions ci-après :

» 1° Le centre de la source lumineuse sera à la même hauteur que celui de la plaque et à l'intersection de deux plans verticaux, l'un parallèle à l'axe du véhicule et situé à 15 centimètres à gauche de l'extrémité gauche de l'inscription, l'autre perpendiculaire et distant de 15 centimètres au moins du plan de l'inscription.

» 2° La disposition du réflecteur et l'orientation du faisceau lumineux seront telles que l'éclairement de l'inscription soit à peu près uniforme et ait même intensité pour les caractères extrêmes.

» Quel que soit le moyen employé, l'éclat ou l'éclairement des chiffres et lettres devra être tel que le numéro d'arrière puisse être lu, pendant la nuit, aux mêmes distances qu'en plein jour.

» Le nécessaire sera fait, pour que, durant le jour, les appareils ci-dessus visés ne gênent aucunement la visibilité de la plaque d'arrière prescrite par l'article 2, laquelle demeure distincte du numéro de la lanterne prévu au premier alinéa du présent article. »

Art. 3. — Les dispositions qui précèdent ne seront obligatoires qu'à dater du 1er janvier 1909, à la condition que les véhicules satisfassent de tout point à l'arrêté du 11 septembre 1901.

Paris, le 12 mars 1908.

Louis Barthou.

TABLE DES MATIÈRES

Pages.

Préface 5

Loi sur la police du roulage et des messageries publiques du 30 mai 1851 7

Titre I. — Des conditions de la circulation des voitures 7

Titre II. — De la pénalité 14

Titre III. — De la procédure 18

Titre IV 24

Décret du 10 août 1852 portant règlement sur la police du roulage et des messageries publiques 25

Titre I. — Dispositions applicables à toutes les voitures 25

Titre II. — Dispositions applicables aux voitures ne servant pas au transport des personnes 31

Titre III. — Dispositions applicables aux voitures des messageries 37

Titre IV. — Dispositions transitoires 46

Décret du 24 février 1858 modifiant et complétant celui du 10 avril 1852 47

Loi sur la responsabilité des conducteurs de véhicules 47

Arrêté ministériel du 29 février 1896, portant règlementation de la circulation des vélocipèdes sur les voies publiques 48

Plaque de contrôle. (Loi de finances du 30 janvier 1907.) 51

Arrêté du Ministre des finances du 29 octobre 1907 52

Automobilisme. (Décret du 10 mars 1899 modifié par celui du 10 décembre 1901.)...... 53

Section I. — Automobiles avec ou sans avant-train, moteur à boggie ou non, circulant isolément. 54

Titre I. — Mesures de sûreté.............. 54

Titre II. — Mise en circulation.............. 57

Titre III. — Conduite et circulation........ 57

Section II. — Automobiles remorquant d'autres véhicules. 59

Titre IV. — Mesures de sûreté.............. 59

Titre V. — Mise en circulation.............. 60

Titre VI. — Conduite et circulation........... 61

Section III. 62

Titre VII. — Dispositions générales........ 62

Arrêté ministériel du 11 septembre 1901...... 64

Circulaire du Ministre de l'intérieur, adressée aux préfets, relative aux arrêtés municipaux visant la circulation des automobiles. 66

Arrêté concernant la circulation des automobiles. 68

Paris et Limoges. — Imp. milit. H. Charles-Lavauzelle.

Dictionnaire des connaissances générales utiles à la gendarmerie, par le général L. AMADE, et M. E. CORSIN, chef d'escadron de gendarmerie (17e édition). — Fort volume in-8° de 834 pages, relié pleine toile gaufrée.................... 6 »

Guide formulaire de la gendarmerie dans l'exercice de ses fonctions de police judiciaire, civile et militaire, par Etienne MEYNIEUX, président du tribunal civil de Saint-Etienne, docteur en droit (15e mille). — Volume in-8° de 560 pages, relié toile. 6 »

Nouveaux Codes français et lois usuelles civiles et militaires. Recueil spécialement destiné à la gendarmerie et à l'armée (15e mille). — Volume in-32 de 1.210 pages, relié pleine toile gaufrée. 5 »

Recueil de la jurisprudence à l'usage de la gendarmerie, par E. CORSIN, chef d'escadron de gendarmerie. — Vol. in-8° de 400 p., relié toile. 3 »

Principes de droit criminel, administratif et de médecine légale, par demandes et par réponses, par F PELLEGRY, lieutenant de gendarmerie, gradué en droit. — Vol. in-18 de 192 p., 4 grav. 2 »

Manuel des théories à l'usage de la gendarmerie, par un officier supérieur de l'arme (31e édition). — Volume in-18 de 298 pages.......... 2 »

Carnet-guide du gendarme, dressé sous forme de questionnaire par demandes et réponses sur les lois et règlements à l'usage de la gendarmerie (19e édition, revue, augmentée et mise à jour). — In-32 de 252 pages, planche des fanions en chromolithographie, relié toile........................ 1 25

Dictionnaire du gendarme. Instruction, service, devoirs, obligations droits, intérêts personnels et de famille. (2e édition.) — In-32 de 312 pages, relié toile gaufrée.............................. 1 »

www.ingramcontent.com/pod-product-compliance
Ingram Content Group UK Ltd.
Pitfield, Milton Keynes, MK11 3LW, UK
UKHW022123260726
13993UKWH00003B/1207